Sainte Foy,

Vierge et Martyre d'Agen.

PANÉGYRIQUE

prononcé à Agen dans l'église Sainte-Foy, le 9 octobre 1887,

par M. l'abbé MONESTÈS.

Se vend 1 franc
au profit des Œuvres Catholiques de Clairac.

[illegible] par la Société de Saint-Augustin, Lille.

Sainte Foy,
Vierge et Martyre d'Agen.

Sainte Foy d'Agen : vierge et martyre

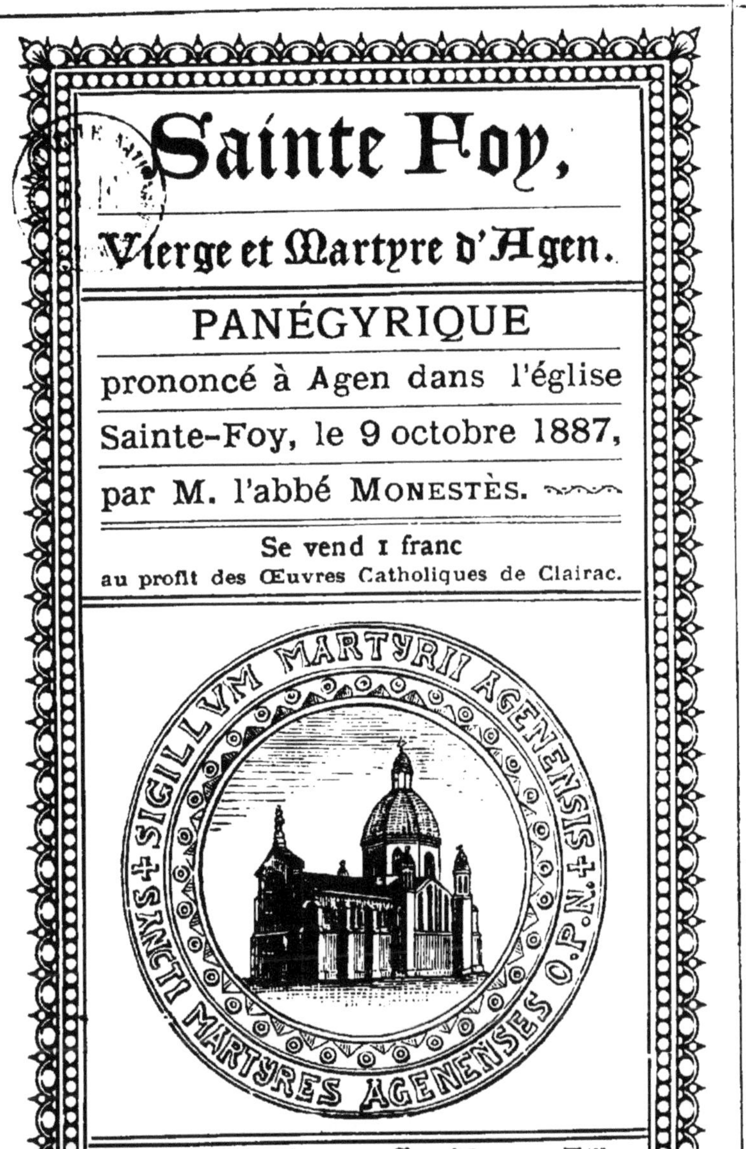

Sainte Foy,

Vierge et Martyre d'Agen.

PANÉGYRIQUE

prononcé à Agen dans l'église Sainte-Foy, le 9 octobre 1887, par M. l'abbé MONESTÈS.

Se vend 1 franc
au profit des Œuvres Catholiques de Clairac.

Imprimé par la Société de Saint-Augustin, Lille.

ÉVÊCHÉ D'AGEN.

MON BIEN CHER CURÉ,

J'approuve et je bénis la pensée qui inspire la publication de votre discours. Placer vos œuvres si lourdes et si laborieuses sous le patronage de notre grande Martyre, est un acte de foi qui m'émeut et dont ses amis seront touchés. Les vôtres, j'en ai l'assurance, ne vous refuseront pas l'obole que vous leur demandez si délicatement.

Votre situation exceptionnelle, la charge pastorale à la fois si intéressante et si difficile qui vous incombe, les difficultés si promptes à surgir, gagneront à vos œuvres les sympathies des Agenais qui ne vous oublient pas, et celles des hommes véritablement religieux.

L'héroïque enfant dont vous avez loué la foi, la pureté, le courage, protégera, j'en ai le ferme espoir, cette ville de Clairac si chère à mon cœur.

A Rome, dans les splendides fêtes du Jubilé Pontifical, j'ai porté son souvenir aux pieds du Pape, j'ai prié pour vous tous à côté de Pierre, lien et centre de l'unité.

Je vous ai dit combien Léon XIII fut intéressé par mon récit et quelle paternelle bénédiction il me donna pour vous.

Puissent mes vœux être comblés et mes secrets désirs satisfaits! Puissiez-vous être un précurseur de ceux qui, un jour, verront se réaliser la parole évangélique : « Unum ovile et unus pastor. » (Joan. X, 16.)

Il y a près de vous, presque sous votre houlette, des âmes d'élite que Dieu travaille dans le secret, que la pratique de la charité amènera vers la lumière et qui, de loin peut-être, contemplent déjà les sommets de la terre promise.

La sympathie dont vous avez partout reçu l'expression, m'est un sûr garant des joies réservées à votre ministère. « Travaillez comme un bon soldat du Christ.... en toute patience et doctrine...» (Saint Paul à Tim., 2 Ep. II, 3. — IV, 2.)

Le Maître sera avec vous, et votre glorieuse héroïne, sainte Foy, vous continuera sa protection.

† Charles, év. d'Agen.

Panégyrique de sainte Foy.

Tu gloria Jerusalem, tu lætitia Israël, tu honorificentia populi nostri. (Judith, XV,10.)	Vous êtes la gloire d'Agen, la joie de l'Église, l'honneur de notre peuple.

MONSEIGNEUR,

MES FRÈRES,

CE sont les acclamations du peuple juif à la femme héroïque dont la confiance en DIEU, la bonne renommée, l'intrépide courage, dit l'Écriture, sauvèrent la cité, réjouirent tout Israël, immortalisèrent ses compatriotes (1).

Et je ne m'étonne pas que, pour louer votre illustre patronne, la Liturgie, dans ses applications profondes, réveille le souvenir de Judith. Celle-ci, en effet, uniquement abandonnée au Seigneur, releva le courage des soldats et des prêtres ; elle arrêta la marche de l'ennemi, sauva le culte du vrai DIEU contre les idoles assyriennes, délivra Béthulie, et mérita cette bénédiction du pontife de Jérusalem et de tout le peuple : que la main du Tout-Puissant l'avait aidée parce qu'elle avait agi virilement, avec un cœur fort et sans tache : *quia fecisti viriliter, et confortatum est cor tuum, eo quod castitatem amaveris* (2).

Celle-là ne fut ni moins intègre ni moins vaillante. Dans l'accablement universel, seule elle resta debout, assurée du secours de DIEU : à son tour, elle osa résis-

1. Judith, VIII, 8. — XII, 7, 31.
2. Judith, XV, 10,11.

ter aux puissances humaines et tenir en échec de fausses divinités ; son exemple ranima l'âme des prêtres, amena ses concitoyens à reconnaître JÉSUS-CHRIST, et fixa pour jamais les destinées de l'Église au milieu de nous. Et ce triomphe, elle le dut à sa foi, à sa pureté, à sa force morale, comme les pontifes et les peuples l'ont proclamé en plaçant sainte Foy, vierge et martyre, sur les autels.

Cependant, si grande soit-elle, je ne l'envisagerai pas seule en ce sujet. Je ne saurais oublier que JÉSUS-CHRIST, l'immortel Roi des âmes, est en même temps le principe et la source de toute sainteté, et que tout le mérite des saints consiste à refléter, dans la vie et dans la mort, la physionomie du Maître, et à continuer l'œuvre qu'il est venu fonder.

Or, parmi les merveilles et les transformations que le christianisme a opérées, j'en remarque trois principales. Par la foi, il a fixé à jamais les croyances jusque-là incertaines et flottantes ; par la virginité, il a donné à la vertu son dernier épanouissement ; par le martyre, il a élevé la force morale à sa plus haute puissance. — Voilà ce qu'il a produit dans les âmes d'élite qui se sont largement inspirées de son esprit.

Vous ne trouverez donc pas étonnant que, voulant faire le panégyrique de sainte Foy, j'admire en elle, et je vous fasse admirer avec moi, la Croyante, la Vierge et la Martyre.

MONSEIGNEUR,

J'aime à me souvenir que, lorsque j'abordai une première fois la chaire sacrée, vous étiez là, m'encourageant du regard et du cœur. Aujourd'hui, après des années, je remercie la Providence qui ménage encore à ma faible parole, avec la bénédiction du Pontife, la même bienveillance et les mêmes encouragements.

I.

AVANT Notre-Seigneur JÉSUS-CHRIST, les âmes cherchaient vainement la vérité. Mais, au milieu de tant de ténèbres, la privation qui tourmentait plus profondément le cœur de l'homme était incontestablement celle de la vérité religieuse, l'absence de toute certitude surnaturelle. Car pourrions-nous donner ce nom à cet ensemble de préceptes et de pratiques dont toute l'efficacité était d'avilir la conscience, lui réservant encore des dégradations plus grandes, s'il se peut, dans les vagues espérances de l'avenir ? Au reste, la plupart des esprits ouverts et sincères pénétraient vite l'inanité des dogmes ou l'infamie des doctrines, et le sacerdoce lui-même riait, dans le secret, de ces divinités faciles, sauvegardé contre l'insulte ou le mépris public par l'éclat extérieur de ses fonctions et par la majesté des lois.

Aussi, quand JÉSUS eut paru sur la terre, annonçant à toute créature le royaume de DIEU, promulguant des lois imprescriptibles mais respectueuses de la liberté, qui règlent ici-bas la conduite de la vie et procurent là-haut d'indicibles rémunérations ; quand il eut, en un mot, satisfait cette puissance de croire, en lui donnant un objet magnifique, précis et déterminé, une multitude d'intelligences païennes, avides et déçues, merveilleusement travaillées d'ailleurs par les philosophes, les littérateurs, les poètes, se portèrent irrésistiblement vers l'Évangile d'une religion nouvelle qui réhabilitait la conscience et agrandissait les horizons.

On le vit surtout à cette école fameuse d'Alexandrie vers laquelle on affluait de toutes les parties de l'empire, et où d'illustres apologistes, enseignant la parfaite harmonie de la nature et de la grâce, montraient dans la variété des systèmes et les efforts de la pensée antique, la préparation providentielle du Verbe futur, et comme le fondement ou le préambule de la foi.

C'est alors qu'on vit se produire ce grand apaisement de l'âme annoncé par les prophètes et attendu par tout le genre humain, et cette joie sereine de la vérité connue, dont parlent nos théologiens catholiques : *Gaudium de veritate.*

L'admiration de ces foules qui, sur les rives du Jourdain, avaient accueilli les prédications du Maître, ne cessait pas autour des disciples : on se répétait les formules et les axiomes de l'enseignement sacré ; cette Révélation éclairant si vivement DIEU, l'humanité, le monde ; ces principes si purs et si fermes ; ces propositions étranges, comme celle-ci par exemple : *Pauperes evangelizantur ;* les pauvres sont évangélisés (1), propositions qui, jetées à travers les siècles, devaient y opérer la plus grande des révolutions sociales...

Car, mes frères, encore que ce soient les esprits cultivés, les penseurs et les sages qui eussent le mieux compris la futilité des théories païennes et les beautés de cette nouvelle théologie, il faut cependant reconnaître avec l'Évangile, les Actes et la Tradition, que les gens de peu, les faibles et les pauvres, furent ses premiers convertis et ses plus ardents propagateurs.

Confiée à des artisans, à des ouvriers, et même à des esclaves, la bonne nouvelle étendait son domaine et montait, par eux, jusqu'aux patriciens.

Ce fut ainsi qu'au commencement du IVe siècle, elle entra dans une opulente demeure de votre vieille cité. Il y avait là une enfant, une âme droite et simple, un cœur pur à qui DIEU s'était montré. En retour, elle lui avait tout donné : elle avait enseveli dans cet amour toutes ses espérances, et jusqu'à ce nom par lequel on désigne les personnes et les familles. Selon la pratique

1. Luc, VII, 22.

des premiers siècles, où tant de fidèles aimaient à se cacher sous des appellations allégoriques empruntées aux vertus ou aux mystères du Christianisme, la jeune fille s'appelait Foy.

Nom prédestiné ! Tandis que les apologistes vengent la doctrine d'accusations injustes et de misérables calomnies, tandis que les écoles en font la vaste et lumineuse synthèse, DIEU va montrer, dans une humble et courte vie, toute l'efficacité et, en quelque sorte, comme la personnification d'une vertu qui est le principe de toutes les autres ; il veut que cette enfant soit, dans notre Aquitaine, le frêle mais indomptable témoin de la vérité, un de ces êtres hors ligne qui prouvent, en face de l'avenir, que « rien ne coûte à celui qui aime et que tout est possible à celui qui croit (1). »

JÉSUS-CHRIST devait être, en même temps, un signe de paix et un signe de contradiction ; et, parce que sa doctrine maîtrisait en nous ce qu'un philosophe appelle « la rage de la domination, » parce qu'elle combattait les appétits de la chair et l'orgueil de la vie, elle devait avoir, à travers les âges, le glorieux privilège de soulever contre elle cette passion publique que Lacordaire a si bien nommée : la haine des hommes d'état et des hommes de génie. Or, pendant trois cents ans, l'Église en avait vu beaucoup de ces hommes d'état, de ces hommes de génie, depuis Néron jusqu'à Marc-Aurèle, et ils lui avaient fait payer cher les résistances de sa foi.

Le représentant de toutes les rancunes et de toutes les superstitions païennes, l'héritier des traditions sanguinaires et des mesures impolitiques de l'empire contre la Religion, se nommait, à l'heure où nous sommes, Dioclétien. Par son inspiration et sur son ordre, les gouverneurs font couler le sang à flots dans toutes les

1. Marc, IX, 22.

provinces conquises. Dacien, le proconsul digne d'un tel maître, l'homme aux instincts féroces, animé d'une haine sauvage contre les chrétiens, accourt du nord de l'Espagne vers l'Aquitaine méridionale, semant la terreur et la mort sur ses pas.

Quelle fut l'angoisse de la jeune Église d'Agen !

Demandez aux rochers, aux bois voisins de la cité. Tous les fidèles sont là réfugiés et tremblants sous la houlette du pasteur.

Je me trompe : il y a quelqu'un qui n'a pas fui et qui ne tremble pas. C'est la jeune chrétienne instruite par une esclave, éclairée par l'Esprit-Saint. Les autres ont pu partir, sans pusillanimité et sans apostasie : l'Évangile le permet. Quant à elle, dont le regard pénètre la trame profonde du Christianisme, et, comme a dit saint Paul, « la substance des réalités proposées à nos espérances (1), » ah ! elle estime que, dans le plan divin, l'infirmité vaincra la force, et qu'en définitive, la puissance qui triomphe dans ce monde est la puissance de la foi (2).

Voilà la Croyante, aux intuitions surnaturelles, *oculatâ fide* (3), selon la parole intraduisible d'un docteur. O jeune fille, que votre foi est grande ! En vérité, il ne s'en est pas trouvé de semblable en Agenais ! C'est la foi de DIEU, *fidem Dei* (4), dont parlait JÉSUS, qui lui montre l'extrême simplicité des choses, et dont elle avait trouvé l'expression dans la bouche de cette femme incomparable, disant au plus jeune de ses fils : « Regarde le Ciel et la terre, comprends que DIEU a tout créé de rien, et ne crains pas le bourreau : *non timeas carnificem* (5).

1. Hébr. XI, 1.
2. I Cor. I, 28. — Joann. I, V, 4.
3. Saint Cyprien : *De exhort. marty.*
4. Marc, XI, 22. — Luc, VIII, 48.
5. 2, Mac. VII, 29.

Elle ne le craindra pas non plus, mes frères, celle qui devait être une des plus pures gloires de ce pays : *Gloria Jérusalem.*

Au reste, à ces heures tragiques, les vrais chrétiens se disputaient la doctrinale et éloquente exhortation de saint Cyprien : Foy, baptisée par l'évêque d'Agen, y avait lu ces sublimes paroles, écrites par le grand évêque de Carthage à la lueur des bûchers et à la porte des amphithéâtres :

« Préparons-nous à recevoir un baptême bien plus » fécond, bien plus puissant, bien plus glorieux que » l'autre. C'est le baptême que confèrent les anges, » qui réjouit Jésus-Christ et son Père, après lequel » on ne pèche plus, qui couronne notre foi et qui, au » sortir de ce monde, nous unit à Dieu. Au baptême » d'eau on reçoit le pardon de ses péchés, mais au » baptême de sang on reçoit la couronne de ses » vertus (1). »

Et Foy se préparait.

1. *Exhort. martyr. In principio.*

II.

CETTE doctrine que JÉSUS-CHRIST apportait aux hommes, il voulait la glorifier par des œuvres et la justifier par des vertus que la terre ne connaissait pas encore. Non seulement le monde était aveugle, mais encore et surtout il était corrompu. C'est le propre de l'erreur, qu'après avoir égaré l'esprit, elle souille le cœur et avilisse la conscience. Les plus belles créations de DIEU : la famille, la femme, l'enfant, avaient été profanées. Au lieu de l'âme qui est en nous la partie la plus noble, les sens tenaient l'empire. Au reste, accorderions-nous à l'âme toute seule la puissance de faire des héros, que nous lui refuserions encore celle de faire des chastes.

La parole publique, même en un langage austère, s'arrête devant le tableau des mœurs païennes si minutieusement décrites par des contemporains illustres à qui DIEU donna, semble-t-il, une plume immortelle pour mieux démontrer toute l'importance de l'œuvre divine, en redisant à l'homme, jusqu'à la fin des siècles, l'histoire de sa propre dégradation.

Il y fallut JÉSUS-CHRIST en effet. Lumière des intelligences dans la structure admirable et l'exposition rationnelle des vérités qui sont l'objet même de la foi, il a caché dans cet édifice surnaturel un trésor de vertus réservées, ces « secrets du roi » dont parlent nos Saints Livres, qu'il est bon de tenir dans l'ombre, mais qu'il importe aussi parfois, pour la joie de l'Église, de révéler (1).

Un demi-siècle après l'époque que nous envisageons, saint Hilaire, exilé au fond de la Phrygie, parlait à sa fille Abra d'une perle et d'un vêtement d'un prix ines-

1. Tobie, XII, 7.

timable, réservés par le plus beau des fils de l'homme à quiconque aura méprisé toute autre perle et tout autre vêtement : « Oh ! ma fille, s'écrie-t-il, j'ai vu cette tuni- » que, et les franges les plus riches, les tissus les plus » fins, ne lui sont pas comparables. Les neiges les plus » éblouissantes sont ternies par son éclat. J'ai vu cette » perle, et l'extase m'a subjugué. Ni les magnificences » du ciel, ni les trésors que la mer recèle, ni les splen- » deurs de la terre, ne sauraient l'égaler (1). »

Tel dut être, mes frères, l'éblouissement de Dacien lorsque Foy parut à son tribunal avec cette auréole des vierges chrétiennes, dans le double rayonnement de l'amour divin et de la pureté. Qui ne connaît cette scène ? Le père livrant lui-même sa fille, espérant sans doute l'impressionner et la vaincre par l'éclat proconsulaire ou la majesté des faisceaux romains ; le peuple, avide d'émotions, courant à l'interrogatoire public, et la Croyante se préparant à donner au représentant de César ainsi qu'à tous ces païens, ce grand, ce nouveau spectacle d'une créature qui estime la virginité de son âme et l'intégrité de son corps plus qu'aucun bien de ce monde ; que l'espoir des grandeurs n'amollira point, que la crainte des supplices ne saurait ébranler ; envieuse, en un mot, de prouver, après mille autres, selon la belle parole de Bossuet, que « la force la plus forte est un cœur innocent. » Héroïque et pauvre enfant ! La voilà donc en face des deux plus grandes puissanees humaines : la force matérielle et la haine intellectuelle, car parmi tous ces proconsuls, légats et préfets envoyés pour terroriser l'Eglise, « il en est peu qui, à certains jours, n'aient professé la philosophie ou enseigné la rhétorique (2). » Elle n'a contre les vio-

1. Epist. ad Abram. n°s 2, 3.
2. Remarque de M. Paul Allard, dans son beau travail sur les Persécutions.

lences de la première que l'arme de sa pureté, et contre les sophismes de l'autre que ce sublime abandon recommandé par JÉSUS à ses disciples quand il leur disait : « Ils vous livreront à leurs tribunaux. Ils vous conduiront, à cause de moi, en présence des gouverneurs et des rois pour rendre témoignage devant eux et devant les gentils ; mais lorsqu'ils vous feront comparaître, ne vous occupez pas de savoir ni comment vous parlerez, ni ce que vous devrez dire : en cette heure même, je mettrai sur vos lèvres les réponses opportunes, car alors ce n'est pas vous qui parlez, mais c'est l'Esprit de votre Père qui parle en vous (1). »

Et manifestement, mes frères, l'Esprit-Saint, qui se réserve sur les lèvres pures une louange parfaite (2), va parler.

L'accusée compte à peine douze ou treize ans. C'est l'aube de la vie, l'heure de toutes les grâces, mais aussi de toutes les faiblesses. Dacien, assuré d'une victoire, n'hésite pas à l'interroger. Le temps n'est plus où Pline, procurateur de Trajan, demandait « s'il fallait établir une différence entre la plus tendre jeunesse et l'âge mûr (3). » Il connaît les habitudes de la jurisprudence romaine : une question avec un ordre, puis, selon la réponse et l'attitude, l'acquittement ou la mort.

Mais ici, voilà que la procédure a changé et le dialogue se prolonge. C'est, mes frères, la vieille abjection de l'humanité qui se heurte aux pudeurs chrétiennes, la puissance de la chair aux abois devant l'amour rajeuni et les sacrifices de la chasteté.

Écoutez plutôt : le serpent cherche à fasciner la colombe.

: « Quel est ton nom ?

1. Mathieu, X, 17, et suiv.
2. Math., XXI, 16.
3. Pline, Ep. X, 97.

— Je m'appelle Foy. Je suis chrétienne. Je sers le Seigneur JÉSUS : en Lui j'ai mis toute ma confiance et tout mon amour.

— Quoi donc, c'est à un supplicié que tu dévoues ta vie ?

— Il est mort pour tous mes crimes, non pour les siens.

— Tu n'as pas dû en commettre beaucoup. Ta jeune beauté s'est à peine révélée ; songe à en faire un meilleur usage : choisis un époux selon ton mérite et ta condition.

— J'en ai disposé en faveur de mon DIEU !

Et comme Foy dédaigne ses conseils, méprise ses présents, flétrit les idoles, le proconsul, ne pouvant se faire aimer, tâche de se faire craindre.

— Je vais te faire flageller.

— Mon Maître JÉSUS l'a été ; c'est le supplice des esclaves, je suis la sienne.

— Obéis, ou tu vas expirer dans les plus horribles supplices.......

— Vos tourments ne me touchent pas plus que vos caresses !... »

Ah ! où est donc la force d'un cœur pur, si elle n'est pas là ! C'est JÉSUS-CHRIST, et Lui seul, mes Frères, qui, par sa doctrine et sa grâce, transfigure ainsi l'âme humaine et consacre ce corps fragile d'un baume éternel et d'un céleste préservatif.

Mais à ces manifestations solennelles de la vertu, à ces miracles de beauté surnaturelle, les puissances sataniques opposeront des manifestations immondes et des mystères de perversité.

Oui, la parole expire devant ces représailles cyniques de l'orgueil humilié et du vice déçu !.....

Comme Théodora, comme Agnès dans les prisons de Rome, comme Sérapia dans l'Ombrie, notre sainte

Foy fut traînée en ces lieux innommables...... Mais Celui qui revêt le lis des champs, sut préserver contre de sinistres fantaisies la fière et virginale enfant qui devait, entre toutes, réjouir l'Église : *Tu lætitia Israël.*

III.

DÉCOUVRIR aux hommes les réalités du monde surnaturel, transfigurer notre âme par la pratique d'une vertu angélique, ne suffisait pas à JÉSUS-CHRIST. Il voulait, en outre, créer dans notre conscience le sentiment profond des droits nouveaux qu'il nous donnait, et dont nous devions, à tout prix, sauvegarder l'intégrité ; il voulait, en un mot, préparer à la vérité ce suprême témoignage qui consiste à souffrir pour elle, à résister, s'il le faut, jusqu'à l'effusion du sang et au sacrifice de la vie, révélant ainsi à la terre cette nouvelle espèce de courage qui est une vertu cardinale, et que l'Ange de l'École appelle: la fermeté dans le bien, *firmitas in bono.*

Sans doute, on avait vu jusque-là et on voit encore des hommes trompés par la vie, des génies méconnus, accepter froidement la mort, des soldats courir après elle dans l'exaltation d'une bataille ; mais demeurer indomptable devant les supplices et doux envers les puissances, terrible aux méchants et humble au fond du cœur ; poser tranquillement la tête sous la hache des bourreaux, mourir simple et fier comme les Machabées, c'est l'œuvre de JÉSUS, mes Frères, le privilège exclusif de ceux qui croient et par sa grâce restent purs.

Or, c'est la Croyante et la Vierge que Dacien, vaincu mais non désarmé, veut atteindre lorsqu'il ordonne qu'on flagelle la jeune Foy. On la dépouille de ses vêtements, comme on avait dépouillé son JÉSUS sur la montagne du Calvaire ; mais il est écrit que la prière du juste pénètre les nues (1) : à peine l'enfant a-t-elle invoqué DIEU, nous disent les Actes, qu'aussitôt une tunique d'une blancheur éclatante la revêt : c'est le

1. Eccl. XXXV, 21.

vêtement mystérieux fait de rayons et d'étoiles que le docteur des Gaules décrira bientôt.

Voici un lit d'airain, un gril ardent préparé pour la sainte ; elle-même y monte ; ses membres tirés violemment sont fixés par des chaines, et, sur le brasier qu'ils modèrent avec une lenteur calculée, les bourreaux répandent de la résine, de l'huile, du suif liquide, tout ce qui peut accroitre les souffrances sans précipiter la mort. Et l'héroïque enfant ne faiblit pas. « Ravie, comme a dit un grand homme, de cette douceur que ressentent les grands courages lorsqu'il s'agit de souffrir pour ce qu'ils aiment (1), » elle ne cesse de parler au céleste Époux. Parfois, tournant son regard vers le proconsul, elle l'adjure de se repentir et d'adorer le vrai DIEU ; à la multitude païenne elle répète, sans se lasser, les préceptes et le nom de JÉSUS-CHRIST.

Calme dans sa foi, forte dans sa pureté, voyez donc quelle joie l'inonde : c'est bien cette joie des condamnés devant les supplices qui étonnait toujours les païens : « Tu ris !.. » disaient les gens de Smyrne à l'esclave Sabine ; c'est bien ce sourire des vierges martyres qui poursuivait de son charme étrange l'âme inquiète et blasée de Sénèque dans les jardins de Néron !

Si telle est, mes Frères, la fascination de la vertu persécutée sur les bourreaux, quel ne sera pas son crédit sur Celui qui, pour sauver une âme, lui ordonne d'agoniser pour la justice, de combattre pour elle jusqu'à la mort : *Usque ad mortem certa pro justitiâ* (2) ; qui lui promet de prendre en main sa cause : *Et Deus expugnabit pro te inimicos tuos* (3) ; et de glorifier lui-même quiconque ici-bas l'aurait glorifié : *Quicumque glorificaverit me, glorificabo eum* (4).

1. Bossuet : *Panégyrique de saint Gorgon.*
2. Ecclé. IV, 33.
3. Ibid.
4. I. Reg. II, 30.

Ah ! le rationalisme peut sourire devant ces manifestations surnaturelles qui firent de ce coin de terre un des lieux les plus célèbres de la catholicité. Quant à moi, je ne m'étonne pas si une couronne resplendissante descend du ciel sur la tête de la martyre, si la colombe symbolique plane autour d'elle, si les flammes la respectent, si une légère pluie éteint le bûcher, si des profondeurs granitiques du rocher jaillissent les fontaines : *Ascendat puteus* (1). Est-ce que DIEU ne remue pas le Ciel et la terre pour enfanter ses élus ? Est-ce que la foi et la pureté ne redonnent pas aux saints l'empire sur les créations inférieures ? Et, comme a dit Bossuet, s'il en est quelques-uns « qui portent plus visiblement sur leur front la marque du DIEU vivant, les bêtes les plus farouches se jetteront à leurs pieds, les flammes se retireront de peur de leur nuire, et je ne sais quelle impatience fera éclater en mille pièces les roues et les chevalets destinés pour les tourmenter. »

Foy, mes Frères, portait sur son front, comme Agnès, comme l'Église, le sceau divin de la vérité : *Posuit signum in faciem meam.* C'est pourquoi, non seulement la nature, mais les hommes mêmes en subiront l'irrésistible empire : les païens seront convaincus et les fidèles raffermis.

Ah ! pourquoi la parole est-elle impuissante devant de tels spectacles ! J'ai lu dans la Bible que les enfants d'Israël, opprimés par le roi des Chananéens, crièrent vers le Seigneur. Et Débora, l'intrépide prophétesse, fit dire à Barac, errant sur les collines d'Éphraïm, de venir se mettre à la tête du peuple de DIEU. Et Barac lui répondit : « Si vous venez avec moi, j'irai ! »

O Caprais, caché dans les grottes de la montagne, venez à la tête du troupeau, car Débora ne vous attend plus, elle est déjà sur le champ de bataille : entendez-

1. Num. XXI, 17.

la qui vous crie : Courage, voici le jour du combat décisif : *Surge, hæc enim est dies* (1).

Et Caprais descend, et Foy tressaille en l'entendant redire lui aussi la parole traditionnelle : «Je suis chrétien !» «Je suis chrétienne ! » s'écrie une jeune fille traversant la foule et dans laquelle Foy reconnaît Alberte, sa sœur. «Je suis chrétien ! » répètent, à leur tour, deux frères nitiobriges, Prime et Félicien ; et, tout à coup, retentit une immense acclamation... Cinq cents païens touchés par cette scène se déclarent d'eux-mêmes disciples du CHRIST et prêts à la mort.

Ah ! vous dûtes tressaillir, vieux murs d'Aginnum, rives de notre fleuve, en écoutant cette indomptable et libre affirmation qui, depuis trois cents ans, ne se taisait pas dans le monde.

Antioche l'avait recueillie sur les lèvres d'Ignace ; Smyrne sur celles de Polycarpe ; Rome sur celles de Symphorose, de Félicité et de Justin le philosophe ; Lyon sur celles d'Irénée; Toulouse sur celles de Saturnin. L'heure de notre gloire était venue, mes Frères, et nous la devions à notre première martyre : *Tu honorificentia populi nostri.*

Il reste à l'enfant à renouveler une dernière fois tout son héroïsme devant « ce supplice des supplices, cette mort des morts (2), » qui consiste à triompher des larmes de ceux qu'on aime. Vainement, dans sa prison, son père et sa mère essaient de la détourner : tendre mais ferme, la Martyre résiste, la Vierge souffre et pleure comme Perpétue, et la Croyante répond comme Ignace : « C'est DIEU même que je perds si vous réussissez à me sauver (3). »

Et elle tombe, la tête tranchée par le glaive, la pre-

1. Juges. IV, 14 -- V, etc..,
2. Perreyve. — *Études Historiques.*
3. St Ignace. *Ad Romanos.*

mière de cette glorieuse phalange des martyrs d'Agen : Caprais, Alberte, Prime, Félicien et mille autres dont DIEU seul connaît les noms...

CONCLUONS par une parole de saint Augustin qui précise le sens de cette cérémonie et résume notre enseignement.

« Ceux-là seuls célèbrent véritablement les joyeuses fêtes des martyrs qui en veulent suivre les exemples. Leurs solennités sont des exhortations à rendre, comme eux, témoignage par la pratique des mêmes vertus (1). »

C'est par la foi, par la pureté, par la force morale, que nous sommes leurs imitateurs, comme ils l'étaient du CHRIST.

L'éclat de cette journée sera vain et ce discours inutile si, devant les restes sacrés de la Croyante, de la Vierge, de la Martyre, cette pensée ne remplit pas votre âme.

La doctrine de Celui qui a vaincu le monde ne rencontre plus sur sa route, dans notre Europe, cette opposition armée contre laquelle il fallait des consciences prêtes à témoigner sous le tranchant du glaive, sous la dent des bêtes, comme dans l'ignominie des cachots. Mais il reste à la Vérité l'éternelle résistance de l'ange déchu et de nos passions.

Il y a par le monde, non point des doctrines nouvelles, mais des systèmes renouvelés sur le Ciel, sur la morale, sur le caractère : systèmes avilissants, plus dangereux peut-être pour la conscience que la persécution sanglante. Et lorsque, pour en exalter les apôtres et en propager l'esprit, nous voyons se multiplier partout et les fêtes et les statues, pourquoi nous reproche-

1. Serm. 47, — *de Sanctis.*

rait-on notre enthousiasme quand il s'agit de louer nos saints qui sont manifestement les gloires les plus vraies, les plus indiscutables de l'humanité?

Ah! qu'on ouvre donc nos martyrologes, nos vieux passionnaires; c'est là qu'on apprendra ce que vaut et ce que peut l'âme humaine, et combien fragile et misérable est la force en face du droit (1); c'est là que se dévoilent les rapports étroits et logiques que le Christianisme a su mettre entre la foi, le courage et la pureté.

Mes Frères, restons dignes de tels privilèges! Et s'il est vrai, pour citer une fois encore Bossuet, s'il est vrai que JÉSUS versa son sang avec un regard particulier pour sa nation, et qu'en offrant ce grand sacrifice qui devait sauver l'univers, il voulut que l'amour de la patrie y trouvât sa place (2), il est bien permis de croire, il est bien permis d'espérer que notre sainte Foy mourant pour la Vérité eut, elle aussi, un regard particulier pour ce diocèse, pour cette ville, pour cette paroisse, et qu'elle donna, dans sa passion, une place à l'amour de la Patrie, pour lui obtenir et conserver toujours la Foi, des mœurs pures, le courage chrétien.

Ainsi-soit-il.

1. Voir, à ce point de vue, les études de M. Aubée qui, malgré leur esprit absolument rationaliste, sont néanmoins un éclatant hommage rendu à la vérité.
2. Bossuet : *Politique sacrée*, livre IX, art. 5.

www.ingramcontent.com/pod-product-compliance
Ingram Content Group UK Ltd.
Pitfield, Milton Keynes, MK11 3LW, UK
UKHW022149260726
13993UKWH00005B/2253

9 782329 306360